Editado por Mirna Wabi-Sabi, Nox Morningstar e Ana Botner.

Traduções de Mirna Wabi-Sabi, Lilo Assenci, e Felipe Moretti.

Entrevistas conduzidas por Patrick Farnsworth, para o podcast Last Born in the Wilderness.

Artigos por Silvia Federici e Fabiana Faleiros.

Capa e arte por Sara Kovač.

[Imagens adicionais]
pg. 5 e 6 Pintura por Silvia Federici.
pg. 44 Foto por Jenny Fonseca.

Diagramação por Iasmin Rios.

Publicação Março 2021

ÍNDICE

INTRODUÇÃO

Por Mirna WabiSabi

Esse projeto formou-se espontaneamente num restaurante de espaguete no centro do Rio de Janeiro, logo após um grande ato de resistência ao sistema. Foi desnecessário nomear ou definir o sistema e a resistência — bastou saber como liamos.

A leitura avantaja a concordância, a ideologia ou até mesmo a identidade. A leitura, diferentemente de afiliação ou título, revela um compromisso ao conhecimento que não se permite abrir mão da liberdade e da criatividade pessoal. Portanto, o que tínhamos em comum não eram opiniões, e sim uma preocupação com um certo conhecimento, o que nos levou a ler certos textos.

Nesta primeira edição da MATA, escolhemos apresentar uma intelectual icônica — Silvia Federici. Nascida na Itália no começo da década de 40, ela presenciou o desenvolvimento do movimento feminista (convencional) e do sistema capitalista durante boa parte do século 20 e 21. Ao criticar o sistema capitalista — através do corpo da mulher, da bruxa — e ao apontar todas as suas marcas de exploração e libertação, ela mostra que uma nova leitura do mundo é possível.

Para nós, pessoas jovens adultas do 3º milênio, calcular o quanto o mundo mudou nas últimas décadas é inimaginável. Os avanços tecnológicos dos últimos 30 anos aconteceram em tal magnitude e rapidez que não temos tempo de digerir ou analisar como eles nos afetam. Minha avó, que é mais nova do que Silvia, estudou digitação na máquina de escrever, e hoje orquestra incrivelmente bem diversas *gadgets* com *touchscreen* e softwares cujos *features* nem eu domino.

Ao lado de novas comunidades auxiliadas pela internet, vocabulários e empoderamentos modernos se desenvolveram. É impossível negar o quanto essas tecnologias afetaram nossas relações sociais, apesar de não sabermos exatamente como.

Como mulher, quase nunca senti que meu papel na sociedade era de reprodutora. Sou jovem, e foi relativamente fácil seguir minha vida até os 30 sem conscientemente priorizar "formar uma família". Porém, ao saber que minha avó foi colocada num papel muito diferente, não posso atribuir este papel a um outro mundo. Como Silvia descreve a concepção neoliberal da vida:

> *"a dominação do mercado impera não só contra a solidariedade do grupo, mas também contra nós mesmos."*

Nem sempre meu vocabulário e maneira de lidar com o meu corpo concordam com a perspectiva de mulheres de duas gerações atrás. Ao mesmo tempo que mantenho completa confiança nas nossas leituras e linguagens modernas de nossos corpos, reconheço que há muito caminho andado e que minha luta é uma continuação e não uma competição com a luta de mulheres que vieram antes de mim.

Para além da concordância, há o conhecimento ao qual podemos nos expor de forma crítica. Vivemos em um mundo complexo, misterioso, belo e repleto de injustiças. Nos ocupamos com conhecimentos sobre este mundo, sem necessariamente procurar simplificá-lo, solucioná-lo, possui-lo ou resgatá-lo. Procuramos o conhecer, estar com ele.

Quem diria que estar *com* o mundo ao invés de simplesmente nele seria tanta luta. Mas aqui estamos, pessoas, umas com as outras, na luta.

Niterói, Agosto de 2020.

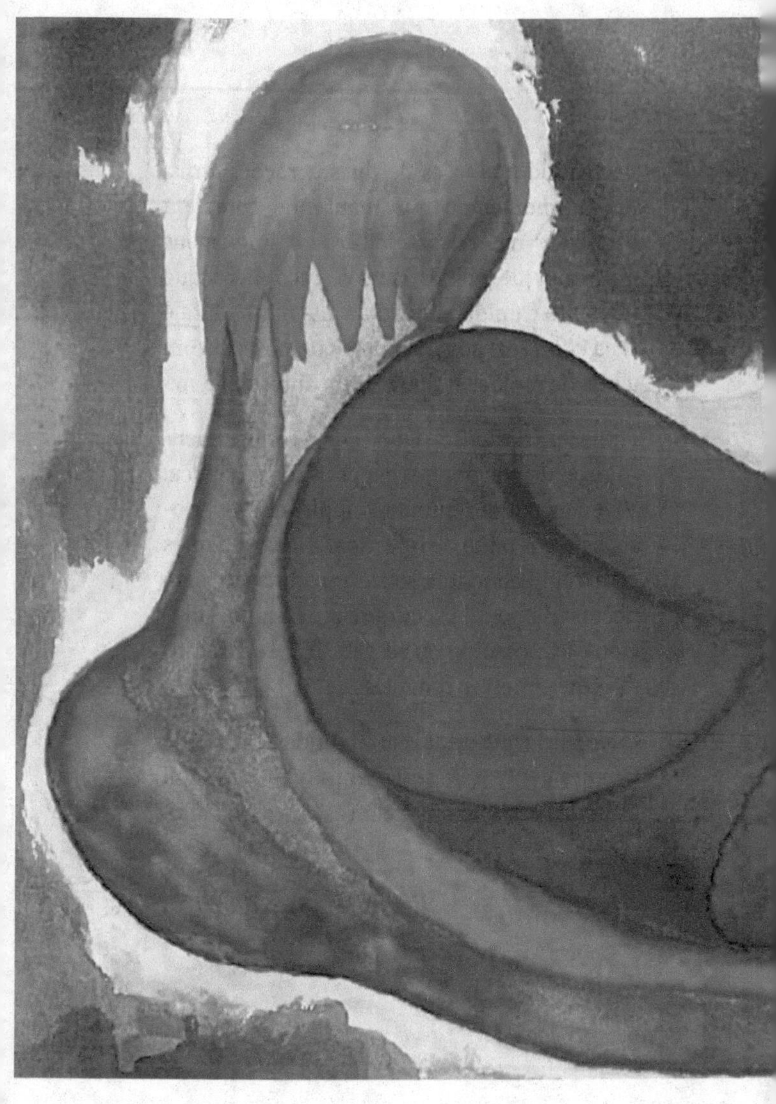

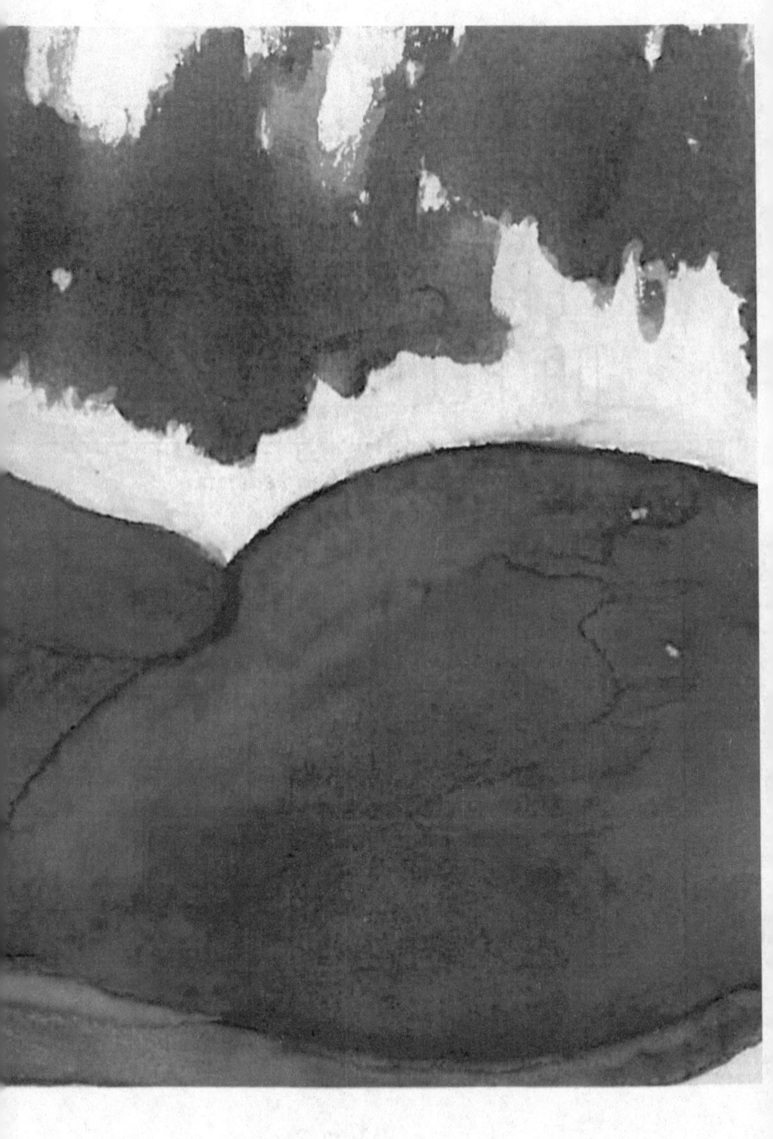

ALÉM DA PERIFERIA DA PELE

Uma entrevista com Silvia Federici
por Patrick Farnsworth

O que é o "corpo" no capitalismo? Quando falamos de corporeidade, como nosso entendimento do "eu" em relação ao nosso corpo é redefinido, reduzido e mutilado sob a lógica do capital e as imposições do estado? Embora as respostas para essas perguntas sejam relevantes para quem trabalha no capitalismo, elas têm peso e ressonância específicos para aqueles que mais sofreram com esse sistema global — as mulheres.

Em seu altamente influente livro *Calibã e a Bruxa*, a escritora e professora feminista Silvia Federici descobriu a transformação brutal que as populações europeias foram forçadas a suportar sob a ordem social emergente do capitalismo, cujas consequências inevitavelmente estenderam-se para o resto da população mundial, humana e mais-que-humana. Seu livro mais recente, *Beyond the Periphery of the Skin*, estende essa exploração para como essas forças continuam a impor sua lógica ao corpo, desde o papel que as ciências sociais e o estabelecimento médico desempenharam nesse processo, até a falta de imaginação da política institucional na abordagem da raiz deste problema.

Nesta entrevista, Federici explica como essa transformação do corpo se estende tanto para dentro quanto para fora. Nossa concepção moderna do "eu" é, sem dúvida, empobrecida, mas como título do livro sugere, reconectar-se ao que está além da periferia da pele é essencial para recuperar o que foi perdido nesse longo e violento caminho até o momento atual. De todos os seus belos atos de solidariedade e resistência, à repressão brutal em curso contra a vida em todas as suas formas; humana e mais-que-humana.

Nota: Esta entrevista foi originalmente lançada no podcast Last Born In The Wilderness. Silvia revisou a transcrição antes da publicação, e com suas contribuições, o texto foi editado para maior clareza e extensão. Esta tradução inédita é de Mirna Wabi-Sabi e foi produzida pelo coletivo Plataforma 9 para a Le Monde Diplomatique Brasil.

Bem, Silvia, é ótimo conversar com você de novo. Acho que faz quase dois anos, ou algo assim. É incrível a rapidez com que tudo está se movendo. Especialmente desde o início deste ano, tudo tem evoluído tão rapidamente com a pandemia, com a agitação social que estamos vendo nos Estados Unidos, a crise econômica e tudo que surge disso.

Quero discutir este novo livro que você publicou na PM Press, *Beyond the Periphery of the Skin: Rethinking, Remaking, and Reclaiming the Body in Contemporary Capitalism* ("Além da periferia da pele: repensando, refazendo e recuperando o corpo no capitalismo contemporâneo"). É uma coleção de escritos que abordam vários temas, mas eu diria que o principal tema que o une é o corpo, como o capitalismo restringiu ou reformou, ou se impôs a nossos corpos, a nós.

Minha primeira pergunta é: quais são algumas das coisas mais óbvias que surgem quando você explora como o corpo foi transformado sob o capitalismo?

Esse é um tema que comecei a desenvolver em *Calibã e a Bruxa*. O terceiro capítulo é sobre a luta contra o corpo rebelde. Me inspirei pelo fato de que, quando o movimento feminista começou, na década de 1970, ele costumava se referir à sua política como a "política do corpo". Vimos que na história do capitalismo, as mulheres foram submetidas a uma disciplina muito mais intensa que os homens. Vimos que o capitalismo atingiu mais profundamente nossas vidas, apropriando-se não apenas de nosso trabalho, mas de todo o nosso corpo. Refiro-me ao controle do Estado sobre nossa capacidade reprodutiva, procriação e sexualidade. Isso ocorre porque nossa capacidade reprodutiva foi colocada ao serviço da reprodução das pessoas trabalhadoras. Assim, em *Calibã e a Bruxa*, prestei especial atenção em como o capital e o estado se apropriaram de nossos corpos e os transformaram. Em *Beyond The Periphery of the Skin*, examino a luta das mulheres para libertar seus corpos do domínio do Estado e de seus limites.

O que une o livro, conforme refletido no título, é a ideia de que não podemos libertar nossos corpos ou mudar nossas identidades, a menos que alteremos as condições materiais de nossas vidas e reconheçamos que nossos corpos são constituídos, a todo momento, por relações com outras pessoas e com o mundo social e natural circundante. Nesse sentido, *Beyond the Periphery of the Skin* é polêmico em relação às principais tendências da ciência contemporânea, que explicam o que acontece com o nosso corpo, no caso de doenças, por exemplo, com base em genes anormais. O mundo celular do gene é representado como uma realidade fechada, não mais moldada por sua relação com todo o organismo. No entanto, a coisa mais surpreendente sobre nossos corpos é que todas as partes estão interconectadas e contínuas com o que está fora delas. No caso de doença, isso significa que as causas ambientais são muito mais importantes como patógenos do que genes desviantes.

Este é um tema que, de certa forma, nos leva de volta à concepção renascentista do corpo, onde o 'microcosmo' (o corpo) está conectado ao 'macrocosmo' do universo, as estrelas. Então, penso no corpo de uma maneira muito expansiva. Isso significa que, se queremos mudar nossos corpos, devemos mudar a forma como trabalhamos, que acesso temos à riqueza produzida, à natureza. Temos que agir não apenas no próprio corpo, mas também nas condições materiais que moldam nossas vidas, que decidem o que o corpo pode ou não fazer.

O livro é construído como argumento. Começa examinando formas particulares de exploração e depois passa para como podemos recuperar nossa subjetividade, nossa realidade corporal, e termina com um elogio ao corpo dançante, que é uma exploração do corpo em seus poderes e possibilidades. Nesse processo, abordo algumas teorias contemporâneas, para ver como elas são úteis e alguns de seus limites.

Na primeira parte do livro, critico o movimento feminista, quase que exclusivamente,

sobre o aborto, resumido na suposição de que
o direito ao aborto é uma "escolha reprodutiva", enquanto o controle sobre nosso corpo significa também poder parir as crianças que quiserem e sob condições seguras.
Como enfatizaram as ativistas do movimento 'Justiça Reprodutiva', chamar o aborto de
"escolha" ignora que não ser forçada a procriar contra a nossa vontade é apenas a parte
negativa do controle, mas da escravidão até o
presente, mulheres pretas e pardas nos EUA
têm sido negadas o direito à maternidade.
Argumento que não é uma contradição que,
embora algumas mulheres tenham sido forçadas a procriar, outras sejam praticamente
criminalizadas se o fizer. A classe capitalista
quer decidir quem pode se reproduzir e quem
não pode, da mesma maneira que quer decidir quem pode viver e quem deve morrer. As
mulheres negras e indígenas frequentemente enfrentavam esterilização, especialmente
quando estavam em assistência social. Desde
o final da década de 1970, vimos uma políti-

ca de esterilização aplicada em larga escala a mulheres em todo o mundo colonial anterior, para impedir, acredito, o nascimento de uma nova geração de pessoas africanas, latino-americanas e caribenhas lutando para recuperar a riqueza que foi tirada dessas regiões. Foi após a luta anticolonial que os demógrafos começaram a falar de uma "explosão populacional" e da necessidade de "controle populacional". Serviu também para justificar a existência de pobreza em meio a um acúmulo obsceno de riqueza corporativa, e mudar a culpa da exploração colonial, antiga e nova, para as mulheres do mundo, acusadas de 'produzir' muitas crianças. Essa ideia se tornou um mantra do Banco Mundial.

Na segunda parte do livro, analiso novas questões e teorias que estiveram no centro dos debates sobre 'política de gênero' como, por exemplo, a teoria da *performance*.

Como escrevi, "performance" é um conceito útil, mas devemos ver seus limites: em muitos atos, muitos exemplos de performance são de fato motivados por restrições enraizadas na divisão do trabalho capitalista. Quando uma mulher passa batom, quando faz dieta, age sexualmente de uma certa maneira, geralmente o faz por causa das expectativas sociais ligadas ao seu papel de trabalhadora reprodutiva, como uma pessoa cuja tarefa social é servir os homens, para fornecer serviços sexuais/ emocionais a eles, e cuja sobrevivência econômica, geralmente depende disso. Em outras palavras, os atos de "performance" são gerados/motivados por um sistema de compulsões, referente ao que as mulheres precisam fazer para serem socialmente aceitas e para sustentarem a si mesmas e a seus filhos dentro de um sistema específico de exploração e uma divisão específica do trabalho. Eu queria chamar a atenção para a falta, na teoria da performance, de um reconhecimento de que vivemos em um sistema capitalista de exploração que estrutura como agimos, este é um sistema contra o qual podemos lutar, mas também a um grande custo.

A Covid-19 expôs o caráter sistêmico das desigualdades que estruturam nossa sociedade. Vimos que 80% dos que morrem de Covid são pessoas da comunidade negra, pessoas cujas vidas, mesmo sem as epidemias, correm um perigo constante - não apenas por causa da brutalidade policial, mas por causa da discriminação persistente em todos os aspectos de suas vidas. Isso significa que não podemos ter uma sociedade não-racista, a menos que haja uma mudança radical na distribuição de riqueza, na organização da habitação, educação e saúde. Este argumento tem implicações também para a questão da identidade sexual. Por mais crucial que seja a capacidade de uma pessoa de mudar sua identidade sexual, a luta para garantir sua possibilidade deve estar ligada à dos movimentos de luta contra a exploração do trabalho e, mais amplamente, à lógica que molda a organização capitalista da vida.

Sim, algo que surge para mim como uma pergunta é a maneira como muitos dos va-

lores do capitalismo foram completamente internalizados ao longo de centenas de anos, tanto que até as demandas que estão sendo feitas na política e nos movimentos esquerdistas são fundamentalmente moldadas pelo capital. Essa deve ser uma das maiores lutas das quais nunca podemos nos livrar completamente como esquerdistas. Sinto que você abordou isso em seu trabalho.

Sim, a necessidade de criar uma sociedade não dirigida pela lógica do desenvolvimento capitalista é um tema central do meu trabalho e, com o tempo, também moldou minha relação com o marxismo. Boa parte da esquerda ainda vê o desenvolvimento capitalista como condição para a nossa luta. Existem até pessoas agora que acreditam que você precisa acelerar o desenvolvimento capitalista porque isso acelera a crise capitalista. E há muita celebração acrítica das novas tecnologias, embora esteja claro que grande parte da devastação ecológica do mundo se deve à produção de computadores e iPhones.

Nós devemos mudar nossa concepção da riqueza social. E, nesse sentido, a pandemia do Covid-19 tem sido um livro didático. Ela nos mostrou como a destruição do ambiente natural — a contaminação do ar, das águas, dos alimentos que ingerimos, intensificada pelo racismo e outras formas de discriminação social — enfraquece nosso corpo, nos torna vulneráveis a doenças.

Existem epidemias porque a terra está doente e nossa sociedade também. Nas comunidades indígenas do México, Guatemala, quando uma criança nasce, as mulheres enterram a placenta no solo para significar o vínculo profundo e quase sagrado entre as pessoas e a terra. Na América Latina, as mulheres também falam de "meu corpo, meu território" ("mi cuerpo mi territorio"). Isso significa que nossos corpos são nossa primeira linha de de-

fesa e também que o que colocamos na terra
é o que entra em nossos corpos. Portanto, é
claro que as chamadas "condições pré-exis-
tentes" são, acima de tudo, as condições sociais de um sistema capitalista que desvalori-
za nossas vidas, e especialmente as vidas das
pessoas cuja exploração foi mais crucial para
o acúmulo de riqueza capitalista. Em suma,
não podemos ter um corpo saudável, a menos
que tenhamos uma terra saudável, a menos
que paremos de queimar as florestas, respirar
o ar que não está contaminado, produzir alimentos que não sejam envenenados por pes-
ticidas. Mesmo se a Covid desaparecesse hoje,
ainda morreríamos de câncer, desnutrição
e depressão. O que nunca é mencionado nas
estatísticas sobre mortalidade que ouvimos
todos os dias, é que em 2019, mais de 47 mil
pessoas morreram de suicídio nos EUA. Essa
é outra poderosa razão pela qual nossa "política corporal" deve ir "além da periferia da
nossa pele."

Eu estava pensando sobre esta crise com essa pandemia e como parece, como você disse, desnudar o capitalismo. E imagino que no período medieval, quando a peste bubônica varria a Europa e a Ásia, isso teve um impacto social e econômico semelhante. Se você puder comentar sobre isso, talvez conseguiríamos fazer comparações e possamos ver algumas das grandes coisas que derivam-se disso, assim como algumas das coisas terríveis que surgiram disso também.

As epidemias têm muito pouco a ver com a natureza. São sempre fenômenos criados pelo ser humano, porque as epidemias se espalham com a circulação de bens e pessoas. A peste bubônica foi trazida para a Europa do Oriente e circulou com o comércio. Alguns dizem que as cruzadas foram um disseminador. Eliminou mais de um terço da população europeia e criou uma terrível turbulência em dois níveis. Primeiro, o fato de tantas pessoas morrerem deixou muitas pessoas indiferentes ao perigo de infecção, sentindo que a vida era tão precária que era melhor vivê-la. Além disso, o fato de tantas pessoas morrerem causou um colapso da economia fechada que dominava na Idade Média. Enquanto os campos ficavam vazios, as pessoas deslocavam-se de um lugar para outro, tomando posse da terra. Nas áreas urbanas, o custo do trabalho aumentou, os protestos sociais aumentaram. Por um tempo, devido à escassez de mão-de-obra, pessoas trabalhadoras urbanas assumiram o controle. Mas logo a reação começou, com até tentativas de impor novas formas de servidão.

Historicamente, as epidemias também desencadearam perseguições. A partir do século XIV, as epidemias de peste bubônica tornaram-se uma justificativa para massacres — de judeus, acusados de espalhar a contaminação. Mais tarde, no século XV, houve outra grande epidemia: a sífilis. Os primeiros casos apareceram em 1485 em Nápoles, durante a ocupação francesa da cidade. Assim, os napolitanos chamavam de "doença francesa", enquanto os franceses chamavam de "doença napolitana". Eventualmente, os nativos americanos foram responsabilizados pela sífilis. Argumentou-se que os companheiros de Colombo a trouxeram de volta do "Novo Mundo". Então, o discurso de Trump sobre Covid como a "doença chinesa" se encaixa em uma longa história de bode expiatórios.

Outro fator persistente é que as epidemias espalham-se especialmente onde as pessoas estão empobrecidas e enfraquecidas pela desnutrição ou pela guerra. Esse foi o caso da Peste Negra e da grande epidemia de influenza após a Primeira Guerra Mundial, e vimos novamente nos últimos tempos, como o empobrecimento causado em muitos países africanos pelos programas de austeridade impostos pelo FMI na década de 1980. Epidemias de meningite, cólera, doenças gastrointestinais e mais tarde ebola. Na América Latina, vimos dengue, zika. Na Ásia, a gripe aviária e SARS. A diferença é que agora as pessoas estão morrendo também na Europa e nos EUA, e é por isso que muita atenção é dada a ela. Mas era uma ilusão pensar que as epidemias poderiam se espalhar pelo mundo e não afetar, por exemplo, a Europa ou os EUA.

A produção de doenças é parte integral do desenvolvimento capitalista. Você não pode ter um sistema capitalista que sistematicamente separe as pessoas das condições de sua reprodução, que empobrece, cria miséria, desloca as pessoas e destrói o ambiente natural, sem o surgimento de novas doenças. Sabemos, por exemplo, que com a mudança climática, os animais, assim como os insetos, bactérias que eram típicas de certas áreas geográficas agora estão se mudando para outras localidades. Portanto, as epidemias são um sintoma de uma doença mais ampla que está afetando todo o sistema.

Uma pergunta que surge em sua discussão é que, em resposta à Peste Negra na Europa, houve uma reação da classe dominante com a tentativa de subjugar ainda mais as pessoas. Ela queria tirar as liberdades conquistadas durante esse tempo. Havia cercos de terras comuns e caça às bruxas. O momento em que estamos nos dá a oportunidade de nos libertarmos e fazer perguntas mais profundas, mas também devemos estar muito conscientes de que aqueles que têm mais riqueza e poder usarão todas as ferramentas e meios à sua disposição para nos subjugar ainda mais, e até desenvolvem novas formas de subjugação que ainda nem conhecemos ou reconhecemos.

Sim, já vemos como o presidente está praticamente incitando uma guerra racial, lado a lado aos supremacistas brancos que agora saem ao ar livre, assim como os enforcamentos e os constantes ataques a manifestantes. Pessoas pretas estudiosas e ativistas como Michelle

Alexander em *The New Jim Crow* mostraram que, apesar de sua abolição formal, a escravidão foi constantemente reestruturada, com *Jim Crow* primeiro e depois com o encarceramento em massa. Portanto, temos que estar vigilantes, para garantir que as reformas não acabem por se tornar uma reestruturação da maneira como a discriminação racial é organizada. Claramente, a mudança real ocorrerá não apenas quando o sistema policial for abolido, mas também quando a desvalorização da vida das pessoas pretas, que agora molda a política social da habitação, educação, saúde e o chamado sistema de "justiça", seja completamente erradicada.

Temos que estar preparadas e preparados, porque há uma parte da população nos Estados Unidos que se enriqueceu com terras roubadas e com a escravização de pessoas, e isso não vai parar por nada para reterem seus privilégios. É por isso que, nos Estados Unidos, ainda existe a pena de morte, que é o sistema de apoio de uma sociedade escravista. Quando você vê como é administrado, quem neste país norte americano é executado, você vê o quanto o legado da escravatura ainda está conosco.

O desenvolvimento positivo é que o estado de emergência criado por Covid-19, e o fato da epidemia ter deixado tantas pessoas sem recursos, está levando à percepção de que esse sistema não é sustentável e que não podemos construir uma sociedade melhor, exceto através da ação coletiva.

É impressionante como, em todo o país, as pessoas estão se organizando não apenas para fornecer apoio mútuo, mas também para criar mudanças de longo prazo. Em Nova York, além da organização de apoio mútuo, me disseram que há assembleias populares reunindo pessoas que lutam por moradia, pelo corte de financiamento da polícia e pelo apoio às pessoas na prisão. Um desafio é mudar a maneira como organizamos nossa reprodução cotidiana. Como escrevi em *Re-enchanting the World*, para poder continuar com uma luta de longo prazo, precisamos criar uma nova infraestrutura reprodutiva e cooperativa.

Tenho uma última pergunta. Vejo pessoalmente e com as pessoas com as quais me conectei, um esforço real e tangível para recuperar o corpo e, em particular, recuperar a autonomia das mulheres. No seu trabalho, você diz que o controle das mulheres sobre sua capacidade de reprodução as foi retirado através da medicalização do parto e de outras políticas. Mas vejo atualmente um verdadeiro esforço coletivo para recuperar tradições, conhecimentos e sabedorias ancestrais - e essa é apenas uma das manifestações que vi. Então, pergunto: quais são alguns exemplos tangíveis que você testemunhou em que as pessoas estão recuperando o corpo?

Um exemplo é a luta que está ocorrendo não apenas para defender o direito ao aborto, mas contra o que alguns advogados nacionais de saúde chamam de "criminalização da gravidez", que é um conjunto de políticas que estão praticamente punindo as mulheres, especialmente as pretas, se elas decidirem ter uma criança. Isso ocorre porque vários estados estadunidenses introduziram leis de proteção fetal que criminalizam tudo o que uma mulher faz que possivelmente coloca em risco a vida do feto. Mulheres, por exemplo, que sofreram um acidente de carro ou usaram até drogas legais foram presas por colocar o feto em risco. E agora, em alguns estados, os médicos precisam entrar em contato com a polícia se o exame de sangue de uma mulher grávida parecer suspeito. As organizações de mulheres pretas e o movimento de Justiça Reprodutiva denunciaram essas práticas. E elas também incentivaram as mulheres a irem ao hospital para parir acompanhadas por uma doula, uma defensora, para garantir que recebam os devidos cuidados e sejam tratadas com respeito. Também há, como você disse, uma grande circulação de conhecimentos e práticas

sobre formas mais holísticas de assistência à
saúde e uma desconfiança saudável da medicina institucional. Isso significa que precisamos
construir formas de controle comunitário sobre
os cuidados que nos fornecem em hospitais, clínicas, para que não enfrentemos sozinhas um
sistema médico fundamentalmente organizado
para obter lucro.

Lembro-me aqui do movimento popular de
saúde que desenvolveu-se nos Estados Unidos
em meados do século XIX, que tinha um 'slogan': "toda pessoa, médica." Ele se originou
da desconfiança das pessoas quanto à profissão médica. As pessoas pensavam que os médicos só se importavam com dinheiro, lançaram esse movimento que, por muito tempo,
interrompeu o processo de licenciamento.

Uma questão que hoje precisa de mais atenção é a saúde das crianças. Oficialmente, agora, oito milhões de crianças são tratadas para
distúrbios mentais e recebem diariamente
comprimidos contra depressão, hiperativi-

dade ou déficit de atenção. Acredito que essa é uma maneira de medicalizar um problema social, que é a quantidade cada vez menor de tempo e recursos disponíveis para as crianças nesta sociedade, tanto em casa quanto nas escolas, pois, todos os programas criativos das escolas públicas foram eliminados e o ensino é agora principalmente sobre testes.

Para curar e controlar nosso corpo, também precisamos mudar a agricultura e pôr fim à tortura de animais, que agora é a realidade da criação de animais. Se as pessoas tivessem consciência das condições horríveis em que os animais vivem, penso que a indústria da carne entraria em colapso. Existem animais que nunca levantam as pernas desde o momento em que nascem até o momento do abate porque são tão engordados que seus ossos não suportam seu peso. Deveríamos nos preocupar com essa crueldade também porque somos os próximos na fila. Violência e injustiça são indivisíveis. Uma vez que você aceita tanta barbárie contra alguns seres vivos, inevitavelmente ela se estende além deles.

A experiência de Covid, desse confronto com a morte em massa, e a óbvia incapacidade do sistema de lidar com isso produzirão mudanças reais? Esta é a pergunta que todo mundo está fazendo agora. O certo é que um novo movimento está crescendo, estimulado pela repulsa à brutalidade policial e ao racismo institucional, mas também motivado pela constatação de que o capitalismo não garante nossa reprodução, o que é uma ameaça para quem não é dono de riqueza. Precisamos assumir o controle sobre os elementos básicos de nossas vidas, recusar a nos separar de outras pessoas e negar a construir nosso bem-estar com o sofrimento de outros.

Isso aponta para o título do seu livro, que é tão bonito e encapsula sua perspectiva: *Além da Periferia da Pele*, ou seja, o sofrimento que você apontou, a violência prati-

cada contra o mundo animal, não estamos separados dele. Nós comemos isso e, como dizem, "você é o que você come". Mas eu só quero dizer que você está estendendo a idéia do corpo em si para muito mais do que essa que foi construída sob uma espécie de mentalidade colonialista capitalista pós-iluminista.

Sim. Isso nos conecta a outras pessoas, à natureza, aos animais.

O indivíduo criado por si mesmo não existe e, se existisse, seria a pessoa mais pobre. A ideia do indivíduo solitário é a de uma pessoa que pode ser facilmente derrotada. Os EUA aperfeiçoaram a ciência de dividir as pessoas. A indústria cinematográfica, os programas de TV sempre mostram "o outro" como uma ameaça. Então devemos pensar em nós mesmos primeiro. É assustador pensar que uma resposta à Covid e aos protestos após o assassinato de George Floyd tenha sido um aumento sem precedentes na venda de armas. Três milhões de armas foram compradas nos últimos três meses, muitas por pessoas que nunca tiveram uma arma.

No entanto, isolados, já somos derrotados. Com outras pessoas, não apenas nosso poder, mas nossa imaginação do que é possível se expande. O sentimento poderoso e libertador que temos quando marchamos com outras pessoas, como aconteceu nas últimas semanas, vem desse sentido de que nosso corpo, nossas vidas estão se expandindo, que algo novo está crescendo, que mudanças são possíveis.

Certamente. E vou deixar por aqui, Silvia. Acho que cobrimos tudo, e você explicou e elaborou todos os pontos sobre os quais eu sempre quis falar com você, então realmente agradeço. Só quero dizer que o seu livro *Beyond the Periphery of the Skin* é incrível, publicado pela PM Press e, é claro, o seu livro *Calibã e a Bruxa* é incrivelmente

importante. Foi importante para mim, pelo menos, já o referenciei muitas e muitas vezes no meu trabalho, por isso tenho que agradecer por tudo o que você tem feito.

Agradeço também todas as pessoas que ajudaram o meu trabalho, que sempre foi inspirado por experiências coletivas e pelos escritos e lutas de muitas pessoas.

Claro. E é linda a maneira como você descreveu. Muito obrigado pelo seu tempo.

Tradução Mirna Wabi-Sabi

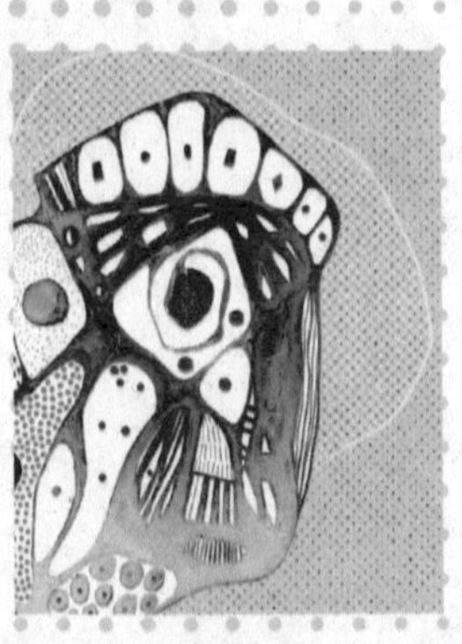

O SEMINÁRIO DA FOFOCA

Por Fabiana Faleiros

O Seminário da Fofoca (SF) junta duas palavras de lugares diferentes: uma vinculada aos conhecimentos acadêmicos e outra aos saberes tecidos por mulheres diversas. Ao juntar essas duas palavras, propus desmontar a ficção histórica que tornou a fofoca um termo pejorativo misógino com a intenção de desarticular vínculos entre pessoas que fogem das estruturas patriarcais.

Apesar de trazer seminário no nome, a proposta não aconteceu num auditório ou sala onde tradicionalmente se organizam encontros acadêmicos, com mesas e cadeiras dispostas de maneira a delimitar o lugar de quem fala e de quem ouve. O espaço era uma instalação artística feita com tapetes, cortinas e almofadas impressas com frases como "Família gosta é de marido", "A vida sexual da fulana de tal", "Doutorado em patriarcado" etc. O primeiro SF aconteceu em 2018 na exposição Iminência de Tragédia, FUNARTE SP[1]. Foi uma proposição de conversa sobre as relações de poder performadas pela estrutura branca-cis--heteronormativa do circuito cultural. Eu tinha passado por um relacionamento abusivo e oscilava entre escrever um textão-denúncia e estas frases curtas em redes sociais, mas resolvi imprimi-las nas almofadas. Me juntei com outras pessoas que tinham passado por processos parecidos e criamos o SF.

Em 2015, ano em que movimentos feministas popularizaram a hashtag #PrimeiroAssédio para contar histórias comuns de assédio e abuso sexual, eu escrevia minha tese de doutorado e lia o livro *Calibã e a Bruxa: mulheres, corpo e acumulação primitiva*, no qual Silvia Federici comenta brevemente sobre a relação da ressignificação da palavra *gossip* com a caça às bruxas na Europa do século XVI:

"[...] as amizades entre mulheres eram consideradas suspeitas, [...] como uma subversão da aliança entre marido e mulher, do mesmo modo que as relações entre as mulheres foram demonizadas pelos acusadores de bruxas que as forçaram a denunciar umas às outras como cúmplices do crime de bruxaria. Foi também nesse período que a palavra gossip, que na Idade Média significava "amigo", mudou de significado, adquirindo conotação pejorativa."[2]

As mulheres alvo da caça às bruxas foram desencorajadas de sentar em frente às suas casas ou perto das janelas. Não deveriam se encontrar com amigas, nem visitar os pais com muita frequência depois do casamento. Ao mesmo tempo em que se formavam os ideais burgueses de feminilidade, tendo a mulher nobre como modelo, as mulheres pobres, as adúlteras, as conhecedoras das ervas medicinais, eram atacadas pela força coletiva que tinham na luta contra a crescente privatização das terras e a expropriação dos corpos. Nesse contexto em que o capitalismo global se estruturava, a caça às bruxas foi o modelo de dominação para a colonização e escravização das populações nativas das Américas e Caribe, junto ao tráfico de pessoas escravizadas trazidas da África.

Na minha tese, eu conectava Federici com este início do século XXI, quando redes sociais como o Facebook, que privatizam a comunicação na Internet, utilizam a palavra "amigo" para mediar a relação entre pessoas, que acabam se tornando seguidoras. Amizades mediadas por números de visualizações, likes, *fake news* e cancelamentos.3 Ao mesmo tempo, a retomada de um espaço comum de troca entre mulheres, via hashtag #Metoo em 2017 continuava nos fazendo rememorar traumas confinados ao âmbito privado — para algumas em algum lugar inacessível do inconsciente — na esfera pública da Internet.

Com essa contação coletiva de histórias de abusos, nos demos conta de que havíamos todas passado por situações parecidas e distintas, fazendo notar as nossas diferenças. E o objetivo do SF era justamente conectar experiências privadas com discussões públicas. Uma conversa entre mulheres diversas, pessoas não-binárias e corporalidades dissidentes interessadas em criar espaços de acolhimento e debate sobre as relações abusivas sustentadas e silenciadas pelo patriarcado no circuito cultural. Foram encontros para a comunicação e debate de casos de denúncia de assédio, abuso, estupro, violência física e psíquica, roubo de produção intelectual, silenciamento estrutural etc.

Também compartilharmos modos de realizar ações diretas em espaços institucionais e não

institucionais reprodutores de lógicas colo-
nialistas que, diante da força com a qual nossa
voz se organiza, tenta desqualificar nossas fa-
las, ainda mais quando se nomeia o abusador.

O SEMINÁRIO DA FOFOCA

FALAR COM AS MÃOS

O livro *Witches, Witch-hunting, and Women* foi publicado em 2018. Fui ler a edição brasileira, *Mulheres e Caça às Bruxas*[4], em 2019. Nele, Federici escreve um capítulo que detalha a conotação depreciativa adquirida pela palavra *gossip* como um dos resultados da expropriação dos espaços comuns na caça às bruxas. Dois séculos de ataques às mulheres, da Idade Média tardia até a formação da Inglaterra moderna, fizeram *gossip* se tornar o oposto do seu significado original: de expressão que designava amiga próxima para conversa fútil feita pelas malditas que se reuniam para falar mal de alguém, semeando a discórdia.

Gossip deriva do inglês arcaico *God* (Deus) e *sibb* (madrinha ou padrinho), aquela que mantém conexão espiritual com uma criança batizada. Representações teatrais satíricas expressavam a crescente misoginia mostrando mulheres como "encrenqueiras, agressivas e prontas para lutar contra os maridos"[5], com o objetivo de desarticular a autonomia e os laços comunitários que existiam entre elas.

Dentre os instrumentos de tortura utilizados para castigar mulheres de classe baixa suspeitas de bruxaria, havia uma estrutura feita de ferro e couro que rasgava a língua das que tentavam falar. Muitas vezes chamado de *gossip bridle* (rédea de fofoca), o objeto era colocado em público nas mulheres que desafiam o silenciamento para aterrorizar as demais. Federici aponta para o fato de que o mesmo instrumento era utilizado para controlar pessoas escravizadas nos Estados Unidos até o século XVIII.

Segundo a etnolinguista Yeda Pessoa de Castro[6], as línguas africanas faladas pelos povos banto, provenientes do sul da África, principalmente de Angola, Congo e Moçambique, foram as que mais influenciaram o português falado no Brasil. A palavra "Fofoca", que de acordo com o dicionário Aurélio Buarque de Holanda teve o primeiro registro oficial apenas em 1975 como "mexerico; maledicência", deriva do termo "fuka", que em bantu quer dizer "revolver, remexer". Fuxico também é uma palavra de origem africana e significa "remendo; alinhavo com agulha e linha". A técnica artesanal, feita com retalhos de tecido cortados em círculos e costurados ao centro para formar trouxinhas de pano, também é sinônimo de fofoca. O artesanato popular fuxico, que compõe bordados e aplicações em roupas, é uma prática comum feita por mulheres do nordeste. Mulheres reunidas fuxicando. Mulheres juntas, tecendo memória e afetos, mantendo vivos os conhecimentos ancestrais e as histórias de suas comunidades.

A VOZ,
A PÉLVIS

O primeiro osso a se formar no corpo humano é a esfenoide. Localizado próximo a mandíbula, ele constitui a maior parte da base do crânio e do septo nasal. Tem um formato muito parecido com a pélvis, de borboleta. Mas a semelhança não é simplesmente visual. Existe uma conexão fisiológica entre a esfenoide e a pélvis sustentada pela coluna vertebral. A retomada da ginecologia natural feita por redes feministas diversas, têm mostrado que o alinhamento e relaxamento de uma impacta na outra.[7] O Vaginismo pode estar relacionado com o bruxismo. A fala interrompida, o si-

lenciamento secular, tem a ver com as dores e
dificuldades para sentir prazer.

A criação de uma ciência da fofoca, por meio
da costura da palavra seminário com fofoca,
envolve a reapropriação dos saberes do corpo. A violência epistemológica que tornou a
palavra fofoca, tanto no inglês como mostra
Federici, quanto no português do Brasil, des-
qualifica a fala entre mulheres. Desconecta os
canais de comunicação entre voz e corpo. Re-
contar, reescrever e se reapropriar das cone-
xões corporais do assoalho pélvico até a boca.
Fofocar como um gesto político, com o corpo
que sabe, para contar as histórias que não foram escritas.

Notas

1. Uma segunda edição foi feita em 2019 no Ateliê 397, no grupo de estudos feministas Vozes Agudas.

2. FEDERICI, Silvia. "Calibán y la Bruja: Mujeres cuerpo y acumulación originaria." Tradução para o Espanhol: Verónica Hendel e Leopoldo Sebastián Touza. Madrid: Traficante de sueños, 2010. p. 256.

3. FALEIROS, Fabiana Amelio. Lady Incentivo - SEX 2018: um disco sobre tese, amor e dinheiro. 2017. 148 f. Tese (Doutorado em Arte e Cultura Contemporânea) - Universidade do Estado do Rio de Janeiro, Rio de Janeiro, 2017.

4. FEDERICI, Silvia. Mulheres e caça às bruxas. São Paulo, Boitempo, 2019.

5. FEDERICI, Silvia. Mulheres e caça às bruxas. São Paulo, Boitempo, 2019. p. 81.

6. CASTRO, Yeda Pessoa. Falares Africanos na Bahia. Rio de Janeiro: Topbooks, 2001.

7. Post público de Renata Pedreira (renatinha. pedreira) no Facebook - 1 agosto, 2020, às 15:43.

CALIBÃ E A BRUXA

*Uma entrevista com Silvia Federici
no livro We Live in the Orbit of Beings
Greater than Us,*
por Patrick Farnsworth

Mencionei o trabalho e a perspectiva de Silvia Federici, em particular seu livro Calibã e a Bruxa, inúmeras vezes em meu podcast nas várias entrevistas que realizei. Seu trabalho tem sido certamente influente em aprofundar minha compreensão de como chegamos a este ponto de crises convergentes em todos os domínios. O trabalho surpreendente de Silvia forneceu uma análise crucial dos vários processos históricos e condições materiais que nos levaram a nossas crises ecológicas, políticas e também às crises do Eu — nossa alienação de nossos corpos e da terra.

Muitas vezes, não temos o contexto histórico necessário para entender que essas crises não ocorreram porque os seres humanos são naturalmente brutais e bélicos, ou que era inevitável que usurpássemos o planeta inteiro em nome do crescimento econômico.

Durante muito tempo, tive essa perspectiva misantrópica, de que os próprios seres humanos eram o problema, um vírus ou doença no corpo da terra. Mas, ao encontrar o extenso trabalho e pesquisa de Silvia sobre a caça às bruxas, a colonização, o cerco dos bens comuns, e aprender como esses processos levaram ao nascimento violento da ordem social capitalista global, percebi que havia caminhos históricos específicos que seguimos para chegar aonde nós estamos agora.

Silvia explica que função a caça às bruxas teve na Europa durante a era medieval, muito além dos entendimentos superficiais que frequentemente temos dela. Esse fenômeno no qual principalmente mulheres — principalmente mulheres pobres — foram alvejadas, torturadas e executadas publicamente abriu o caminho para a ascensão da ordem socioeconômica que devora o mundo. Durante a caça às bruxas, dezenas de milhares, potencialmente centenas de milhares, de mulheres foram mortas, e esse evento raramente recebe a atenção que realmente merece.

Silvia, sendo uma feminista marxista autônoma, reconhece o valor de se aprofundar nessa história, examinando como ela se vincula a outras tendências que estavam acontecendo simultaneamente. Precisamos entender que tudo começou com as mulheres e que o capitalismo emergiu da subjugação das mulheres e de seu papel central na comunidade e da resistência radical à ordem feudal que precedeu o nascimento do capitalismo.

O que você está explicando é que os ricos —
aqueles que tinham poder nesta sociedade
feudal — estavam vendo que seu poder poderia facilmente ser tirado deles pela organização de grandes grupos de camponeses.
Esses camponeses estavam dispostos a fazer guerra contra eles, a fim de recuperar
suas liberdades e suas independências, e
eles entenderam muito bem o que isso significava.

Algo que você aborda neste livro é como
isso afetou as mulheres e o papel das mulheres nessas sociedades. Essa transição
não foi uma evolução, porque, como você
afirma, não foi como uma evolução natural
que o capitalismo evoluiu a partir do feudalismo. Foi muito calculado e pensado; a intenção era avançar nessa direção, colocar o
poder de volta nas mãos das senhorias, as
pessoas encarregadas da terra, encarregadas do sistema econômico. O que aconteceu
com as mulheres nesse processo?

Uma conexão que eu fiz é que o capitalismo é um sistema de poder, é um sistema que afeta todas as formas de vida. Então, uma das coisas que eu tenho tentado analisar, principalmente pensando no que acontece com as mulheres na sociedade capitalista, é entender: bem, qual é a diferença?

Nesse sistema anterior, a organização das matérias vivas no feudalismo, qual era a posição das mulheres lá? Certamente a posição das mulheres não era de igualdade com os homens, mas descobri que o nível de desigualdade na classe serva e camponesa entre mulheres e homens era muito menos pronunciado do que no capitalismo.

Uma pessoa que serve no campesinato era referida no sistema feudal como escravos e escravas. A autoridade suprema sobre a família, o casamento e basicamente a vida familiar estava nas mãos dos proprietários, as senhorias feudais. Então você tem menos o tipo de regra indireta sobre as mulheres do que no capitalismo. No capitalismo, há uma delegação de poder muito clara que serve ao capitalismo: você tem o Estado e o capital delegando poder aos homens, poder ao trabalhador assalariado sobre a dona de casa não remunerada.

No feudalismo, você tem uma situação em que homens e mulheres têm acesso à terra, acesso aos meios de reprodução, mas onde as relações de poder, por exemplo, o casamento, estão muito nas mãos das senhorias. Um senhorio poderia obrigar uma mulher que desejasse permanecer viúva a se casar novamente. Portanto, a diferença de poder entre homens e mulheres era muito mais limitada.

E o fato de as mulheres terem acesso à terra significava que elas poderiam participar de sua própria produção.

Na sociedade feudal, a separação entre produção e reprodução é quase inexistente. Essa separação surge no capitalismo, onde você tem produção para o mercado, produção para o consumo da família, para o consumo da pessoa trabalhadora e para a reprodução da pessoa trabalhadora. É apenas no capitalismo que você começa a ter essa separação de duas esferas da vida. E como sabemos, o trabalho reprodutivo quase desaparece como trabalho.

No sistema feudal você não tem isso. No trabalho agrícola, a família produzia e cultivava os lotes de terra que lhes eram alocados. Quando a comunidade cultivou a terra, houve produção e reprodução ao mesmo tempo. Você tem uma certa quantidade de produtos vendidos nos mercados locais, é claro. Mas as pessoas estão vendendo o excesso, onde quer que tenham excesso, e muitas vezes é trocado. Ninguém nesse tipo de sociedade depende de dinheiro para sobreviver; de fato, o dinheiro é muito mais limitado: mesmo os salários pagos são de natureza limitada.

Você começa a ter uma separação entre produção e reprodução quando as pessoas trabalhadoras não têm mais acesso aos meios de se reproduzir. Quando elas perdem suas terras, elas dependem dos salários: trabalhando ou não, todos dependem do dinheiro para poder se reproduzir. É quando você começa a ter essas duas esferas diferentes, produção e reprodução. No período feudal, você não tem a separação entre o homem ser o assalariado e o produtor, aquele que recebe o salário, e as mulheres que dependem deles para seu sustento, porque não têm acesso a ele. Você não tem isso. Todo mundo está trabalhando com a terra.

Eu também mostrei que há uma forte presença de mulheres nos movimentos sociais, e particularmente nos chamados movimentos heréticos, que nos parecem movimentos religiosos porque usavam uma linguagem religiosa. Na verdade, esses eram movimentos sociais. Eles eram movimentos pela justiça social, porque estavam protestando contra a desigualdade. Eles estavam protestando contra a exploração da igreja. A igreja basicamente tentou usar seu poder para ganhar dinheiro vendendo batismos, vendendo indulgências e basicamente usando todas as liturgias religiosas, serviços, como forma de ganhar dinheiro.

Portanto, os movimentos heréticos eram de certa forma um movimento que dizia "outro mundo é possível". Eles diziam: "Cristo era pobre". Cristo não tinha propriedade, por que a igreja deveria ter propriedade? As mulheres eram muito centrais nesse movimento. E no movimento herético, as mulheres também foram autorizadas a participar, a administrar os sacramentos.

O terceiro ponto é que a ideia da bruxa começa a se desenvolver a partir da última fase da luta da igreja contra os movimentos heréticos. A ideia da bruxa começa a ser forjada em um ambiente religioso. As caçadas às bruxas acontecem muito mais tarde, quando se tornam um fenômeno de massa: perseguição em massa. É muito mais tarde e é organizado não pelas autoridades religiosas ou pelo clero, mas principalmente pelos magistrados, pelas autoridades políticas locais.

Estou tentando mostrar que há muitos tópicos importantes aqui. É muito importante entender por que, neste período, particularmente no século XV, por volta de 1400, 1450, você começa a ouvir falar de bruxas. Você ouve falar de bruxas e as pessoas começam a escrever tratados sobre bruxaria.

No começo, é um fenômeno muito pequeno; depois, muito mais tarde, torna-se algo muito maior, torna-se uma grande perseguição. Esse é o tipo de contexto que eu tentei reconstruir, entender, para ter uma ideia muito mais completa. Quais eram as forças? Qual foi o terreno em que o capitalismo decolou?

Então, a caça às bruxas é uma fase muito dramática e perde essa dimensão quando é abordada nos livros didáticos de história — perde seu contexto histórico. Além disso, a transição para o capitalismo não é discutida

como a razão pela qual a caça às bruxas ocorreu em primeiro lugar.

As pessoas que tentavam capturar essas mulheres acusadas de serem bruxas, rotulavam uma mulher como bruxa e depois a executavam publicamente: qual era o objetivo disso? E quais foram as implicações da caça às bruxas às mulheres e ao desenvolvimento do capitalismo?

É como quando você olha para uma paisagem e, quanto mais longe, mais você terá uma visão abrangente. No momento em que você zera ou amplia tudo o que vê, é uma rua. Mas quando você vê a rua no contexto de todo o resto, terá uma visão muito melhor. Estou usando isso para a caça às bruxas, porque é muito fácil se perder nelas, perdidas em acusações particulares ou em um senso particular de perseguição. Mas então, quando você olha para ela como um todo, você entende.

"Como um todo" significa ambos no tempo — durante o período de dois séculos e meio em que estes eram particularmente massivos — e olhando para todos os países envolvidos. Quando você os coloca na história e o que estava acontecendo ao mesmo tempo (a conquista da América, o início do tráfico de pessoas escravizadas, a expropriação do campesinato, o começo de um sistema capitalista), então isso tudo começa a falar com você de uma maneira diferente.

Eu tenho tentado enfatizar que em todos os lugares da Europa, começa com a aprovação de leis pelos governos, um novo crime: a bruxaria, e novos regulamentos, novos atos do governo. Isso é muito importante, porque é de cima que as pessoas são orientadas a "tomar cuidado". Não é algo que vem de baixo.

Aconteceu mais do que o que aconteceu com *Calibã e a Bruxa*. Por exemplo, uma coisa que eu poderia colocar no livro é que uma pessoa pobre nos séculos XVI e XVII indo a um magistrado para acusar uma mulher, não seria necessariamente ouvida.

Quem está sendo ouvido, quais acusações são ouvidas e quais não são ouvidas já nos dizem a natureza de classe das caças às bruxas. Também é impressionante a diferença de classe entre as chamadas bruxas e os acusadores. Há uma diferença de classe: aqueles que as acusam geralmente são pessoas de poder na comunidade, pessoas que possuem propriedades. É uma perseguição de um caráter de classe muito claro.

Há também diferentes grupos de mulheres que são vulneráveis à acusação. Não é apenas um grupo, mas existem denominadores comuns. Eles geralmente são os pobres. Eles vêm das classes mais baixas, e existem certos tipos de acusações que são muito comuns e frequentemente empilhados: uma bruxa é acusada de todas elas ao mesmo tempo. Por isso, tentei em *"Calibã e a Bruxa"* dar uma tipologia, e essa tipologia da bruxa também é uma tipologia das mudanças no capitalismo, particularmente na esfera da reprodução e na esfera das relações entre mulheres e homens.

A bruxa é frequentemente a mendiga, a velha que não aceita que o povo se recuse a apoiá-la. Há um ataque à ajuda mútua comunitária, um ataque à ideia de que as pessoas têm o direito de se sustentar. E há um temor dos mais ricos sobre os pobres, os pobres que foram empobrecidos. Por que deveria haver mulheres que não têm nada, que têm que percorrer os bairros pedindo vinho, óleo, manteiga ou vivendo sozinha na pobreza?

Também há mulheres que estão praticando cura. Basicamente, são parteiras ou estão curando pessoas com ervas, às vezes com amuletos ou sortilégios. Certamente, muitas mulheres tinham seus próprios jardins e conheciam as propriedades das plantas, conheciam as propriedades das raízes e das flores e eram a figura do médico. Então, essas são mulheres que têm um certo poder. Muitas vezes elas previam o futuro. Portanto, a figura da curadora representa algo na comunidade. E então você tem um ataque aos poderes populares.

Você tem um ataque à ajuda mútua, um ataque às potências populares. Depois, há também a mulher que deveria ser promíscua, certo? Há toda uma campanha sobre a questão da sexualidade e procriação. A caça às bruxas também é uma maneira de o estado e a capital começarem a exercer um novo tipo de controle sobre o corpo das mulheres. Eles controlavam a procriação, para garantir que a procriação fosse produtiva, para que as mulheres usassem sua sexualidade de maneira produtiva, para dar à luz. Além disso, a sexualidade deve ser controlada: a sexualidade é vista como algo que subverte a ordem social. Pode subverter a relação das pessoas com o trabalho. Pode subverter as diferenças de classe. Assim, o corpo das mulheres começa a ser retratado como algo perigoso, um lugar de perigos que precisam ser neutralizados.

Das caçadas às bruxas, surge um novo regime disciplinar que se torna a norma para as mulheres no capitalismo. Há uma diferença importante entre a imagem da mulher antes da caça às bruxas na literatura popular e a imagem da mulher como aparece na literatura dos séculos XVII e XVIII após a caça às bruxas. A caça às bruxas é uma derrota no poder das mulheres, um ataque ao poder social das mulheres. E também é uma preparação para as mulheres assumirem tarefas específicas. Tornam-se trabalhadoras não remuneradas, confinadas ao trabalho de reprodução, e são retratadas como não tendo muita razão, sendo mais fracas sem poder de raciocínio e, portanto, precisando ser controladas pelos homens.

E assim, a caça às bruxas é realmente a condição ou o passo para a criação da nova divisão sexual do trabalho.

Esta entrevista com Silvia, e seu livro Calibã e a Bruxa, realmente iluminou para mim os processos que levaram ao surgimento do capitalismo, e como a caça às bruxas e a privatização dos bens comuns eram cruciais, mas frequentemente ignorava os eventos que contribuíam para a ascensão dessa nova ordem social imposta de cima para bai-

xo. Essa violência prolongada contra as mulheres, em particular, contribuiu para nossa separação da terra e do corpo. As divisões sociais que emergiram disso informaram a ascensão do sistema capitalista global e, por sua vez, a desconexão mais profunda que temos de nosso conhecimento ancestral (especialmente como colonizadores) e da Terra viva como um todo.

— Patrick Farnsworth, entrevistador e autor do livro "We Live in the Orbit of Beings Greater than Us"

Tradução Lilo Assenci

HOMENAGEM AO CORPO DANÇANTE

Por Silvia Federici

A história do corpo é a história dos seres humanos, pois não há prática cultural que não seja de antemão aplicada ao corpo. Mesmo se nos limitarmos a falar da história do corpo no capitalismo encaramos uma tarefa avassaladora, tão extensivas foram as técnicas usadas para disciplinar o corpo — sempre em mutação, subordinadas às mudanças de regimes de trabalho aos quais o nosso corpo foi sujeitado. Ademais, não possuímos apenas uma história, senão diferentes histórias do corpo: o corpo dos homens, das mulheres, da pessoa trabalhadora assalariada, da pessoa escravizada, colonizada.

A história do corpo pode, então, ser reconstruída através da descrição das diferentes formas de repressão que o capitalismo tem acionado contra ele. Mas em vez disso decidi escrever sobre o corpo como um lugar de resistência. Isto é, o corpo e seus poderes — o poder de agir, de transformar a si mesmo e ao mundo, e o corpo como limite natural à exploração.

Algo foi perdido com a nossa insistência no corpo como algo performado, socialmente construído. A visão do corpo como produto social [discursivo] ocultou que nosso corpo é, na verdade, um receptáculo de poderes, capacidades e resistências que se desenvolveram num longo processo de co-evolução com o nosso ambiente natural, junto com práticas inter-generacionais que fizeram dele um limite natural à exploração.

Como "limite natural", entendo o corpo como uma estrutura de necessidades e desejos criados não só pelas nossas decisões conscientes ou práticas coletivas, mas também por milhões de anos de evolução material: a necessidade do sol, do céu azul e do verde das árvores, do cheiro dos bosques e dos mares, a necessidade do toque, do cheiro, do sono e de fazer amor.

Essa estrutura acumulada de necessidades e desejos, que por milhares de anos tem sido a condição para nossa reprodução social, coloca limites para a nossa exploração e é algo que o capitalismo incessantemente tenta superar.

O capitalismo não foi o primeiro sistema baseado na exploração do trabalho humano. Entretanto, mais do que qualquer outro sistema na história, ele tem se esforçado para criar um mundo econômico em que o trabalho é o princípio mais essencial da acumulação. De tal modo, foi o primeiro a estabelecer como premissa-chave a arregimentação e a mecanização do corpo para a acumulação de riqueza. De fato, uma das incumbências mais importantes do capitalismo, do seu nascimento até agora, é a transformação das nossas energias e poderes corporais em forças-de-trabalho.

Em *Calibã e a Bruxa*, analisei as estratégias empregadas pelo capitalismo para levar a cabo essa tarefa e remodelar a natureza humana, da mesma forma que tenta remodelar a terra para torná-la mais produtiva e transformar animais em fábricas vivas. Falei da longa batalha travada contra o corpo, contra a nossa materialidade, e das várias instituições criadas com esse propósito: a lei, o chicote, a regulamentação da sexualidade e inúmeras práticas sociais que redefiniram nossa relação com o espaço, a natureza e entre nós mesmos.

O capitalismo nasceu da separação das pessoas da terra. Sua primeira tarefa foi tornar o trabalho independente das estações e estender a jornada de trabalho para além dos nossos limites físicos. Geralmente, enfatizamos o aspecto econômico desse processo: a dependência econômica nas relações monetárias criadas pelo capitalismo, e seu papel na formação de um proletariado assalariado.

O que nem sempre vimos é o que a separação da terra e da natureza significou para o nosso corpo, que foi empobrecido e arrancado dos poderes que as populações pré-capitalistas o atribuíam.

A natureza é um corpo inorgânico e havia um tempo em que podíamos ler os ventos, as nuvens e as mudanças nas correntes de rios e mares. Nas sociedades pré-capitalistas, as pessoas achavam que podiam voar, ter experiências extra-corporais, comunicar e falar com animais, tomar seus poderes e até se metamorfosear. Achavam que podiam estar em mais de um lugar ao mesmo tempo e que, por exemplo, mesmo mortos poderiam vingar-se de seus inimigos.

Nem todos esses poderes eram imaginários. O contato diário com a natureza produziu uma larga quantidade de conhecimentos — refletidos na revolução agrária nas Américas, em particular, ou na revolução em técnicas de velejo. Agora sabemos, por exemplo, que os povos polinésios viajavam de noite pelos altos mares tendo apenas seus corpos como bússolas, já que podiam ler nas vibrações das ondas os caminhos que levariam seus barcos à terra.

A fixação temporal e espacial tem sido uma das técnicas mais elementares e persistentes do capitalismo para tomar-se do corpo. Vejam-se durante a história os ataques a vagabundos, migrantes, andarilhos. A mobilidade é uma ameaça quando não estiver ao serviço do trabalho, à medida que circula saberes, experiências, lutas. No passado, os instrumentos da imobilização eram chicotes, cadeias, o tronco, a mutilação, a escravização. Hoje, junto com o chicote e os centros de detenção, há a vigilância digital e a ameaça periódica de epidemias como meios para controlar o nomadismo.

A mecanização — a transformação do corpo, seja masculino ou feminino, numa máquina — é um dos objetivos mais incansáveis do capitalismo. Os animais também são transformados em máquinas: para que as porcas dupliquem suas ninhadas e as galinhas produzam fluxos ininterruptos de ovos, enquanto as estéreis são moídas como cascalho, e para que os bezerros não cheguem nem a ficar de pé antes de serem levados ao matadouro.

Não consigo suscitar aqui todas as maneiras pelas quais se deu a mecanização do corpo. É suficiente dizer que as técnicas de captura e dominação mudaram dependendo do regime de trabalho dominante e das máquinas que serviram de modelos para o corpo.

Assim, vemos que nos séculos XVI e XVII, a época da manufatura, o corpo era imaginado e disciplinado de acordo com o modelo de máquinas simples, como a bomba hidráulica e a alavanca. Este foi o regime que teve seu ápice no taylorismo, o estudo de tempos e movimentos, em que toda moção era calculada e todas as nossas energias eram entregues à tarefa à mão. A resistência neste caso era tida como uma forma de inércia e o corpo era retratado como um animal burro, um monstro refratário ao nosso comando.

No século XIX temos, ao contrário, uma concepção do corpo e das técnicas disciplinares baseada no motor a vapor. Sua produtividade era calculada em termos de entrada e saída; "eficiência" tornou-se a palavra-chave. Sob esse regime, a disciplinarização do corpo era assegurada pelas restrições dietárias e o cálculo das calorias consideradas necessárias para um corpo produtivo. Neste caso, seu ápice foi a tabela nazista que especificava quantas calorias cada tipo de operário precisava. O inimigo aqui é a dispersão de energia, a entropia, o desperdício, a desordem.

Nos EUA, a história dessa nova economia política começa na década de 80 do século XIX com os ataques às tavernas e o rearranjo da vida familiar, que coloca a dona de casa no seu centro, sendo ela entendida como um mecanismo anti-entrópico, sempre disponível e sempre pronta para restaurar a refeição consumida, o corpo maculado depois do banho, o vestido consertado e depois rasgado.

Na nossa época, os modelos para o corpo são o computador e o código genético. Fabricam um corpo desmaterializado, des-agregado, concebido como um conglomerado de células e genes, cada um com seu próprio programa, indiferentes ao resto e ao bem do corpo como um todo. Essa é a teoria do "gene egoísta", a ideia, isto é, de que o corpo é feito de células e genes individualistas, cada um seguindo sua programação: uma metáfora perfeita para a concepção neoliberal da vida, em que a dominação do mercado impera não só contra a solidariedade do grupo, mas também contra nós mesmos. Consistentemente, o corpo se desintegra em um conjunto de genes egoístas, cada um deles lutando pelo seu próprio objetivo egoísta, indiferentes ao interesse do resto.

À medida que internalizamos esta visão, internalizamos a mais profunda experiência de auto-alienação, pois confrontamos não só uma enorme besta que não nos obedece mais, senão uma horda de micro-inimigos infiltrados logo no nosso próprio corpo, dispostos a nos tomar de assalto a qualquer momento. Indústrias inteiras foram erguidas por cima dos medos que essa concepção do corpo gera, submetendo-nos a forças que não controlamos. Naturalmente, se internalizarmos esta visão, não nos saboreamos mais. De fato, o nosso corpo nos intimida e não o ouvimos mais.

Não ouvimos mais o que ele quer; ao contrário, unimo-nos ao seu assalto com todas as armas que a medicina nos presenteia: a radiação, a colonoscopia, a mamografia, todas elas armas numa longa batalha contra o corpo. Em vez de sairmos da mira desse fuzil, juntamo-nos ao ataque contra o nosso corpo. Dessa forma, somos preparados para aceitar um mundo que transforma partes do corpo em mercadorias à venda, e vemos nosso corpo como um repositório de doenças: o corpo como peste, o corpo como origem de epidemias, o corpo sem razão.

Nossa luta deve então começar com a reapropriação do corpo, a reavaliação e a redescoberta da sua capacidade de resistência e a expansão e a celebração de seus poderes coletivos e individuais.

A dança é central nesta reapropriação. Na sua essência, o ato de dançar é uma investigação e uma invenção do que um corpo pode fazer: das suas capacidades, das suas linguagens, das articulações do empenho do nosso ser. Venho a acreditar que há uma filosofia no dançar, já que a dança imita os processos com os quais nos relacionamos no mundo, conectamo-nos com outros corpos, transformamo-nos e o espaço à nossa volta.

Da dança aprendemos que a matéria não é estúpida, nem cega ou mecânica, senão que possui seus ritmos, sua linguagem; e que se ativa e organiza a si mesma. Há razões no nosso corpo que precisamos aprender, redescobrir, reinventar. Precisamos escutar sua linguagem como a trajetória para nossa saúde e cura, tal como precisamos escutar a linguagem e os ritmos do mundo natural como a trajetória para a saúde e a cura da terra. Já que o poder de afetar e ser afetado, de movimentar e ser movimentado, uma capacidade indestrutível e que é exaurida só pela morte, constitui o corpo, reside nele, então, uma política imanente: a capacidade para transformar a si mesmo, aos outros, e ao mundo.

Texto original *In Praise of the Dancing Body*
Tradução Felipe Moretti

Ana Botner — graduanda em ciência política na Universidade Federal do Estado do Rio de Janeiro, jornalista e teórica política, atualmente colaboradora da revista A Inimiga da Rainha e do coletivo de mídia Plataforma9.

Fabiana Faleiros trabalha na intersecção entre arte e invenção de pedagogias. Doutora em Arte e Cultura Contemporânea pela UERJ, coordena o grupo de estudos Minha Tese Começa Assim e em 2019 foi professora convidada da Escuela Incierta, Lugar a Dudas, Cali, Colômbia. Participou da 10 Berlin Biennale e é autora do livro O Pulso Que Cai e as Tecnologias do Toque, Ikrek, São Paulo, 2016 - Prêmio Proac Livro de Artista.

Felipe Coimbra Moretti escreve, reza, às vezes, traduz. É mestrando em Antropologia. Atualmente, pesquisa as vicissitudes de uma comunidade camponesa messiânica no Ceará dos anos 30. Busca elaborar as questões candentes de uma leitura partisã do presente. Acima de tudo, entretanto, é partidário do antigo lema omnia sunt communia; isto é, tudo em comunhão.

Guilherme Ryuichi é jornalista e publicitário. Com a vida pautada pela academia de comunicação, seu objetivo é melhorar — cada vez mais — a transmissão, troca e aplicação de informações

Iasmin Rios é Designer, artista plástica e tatuadora vegana brasileira. Acredita na prática da magia como um estilo de vida, trabalhando em prol da regeneração ambiental e do respeito à diversidade de espécies (humanas e não--humanas). Para ela, através da arte podemos refazer um pouco mais da nossa empatia com tudo o que é vivo, enxergando a sacralidade no Universo.

Lilo Assenci é uma Bruxa queer brasileira, um sacerdote, um Coelho da Lua, tradutor e professor. É iniciado na Tradição Feri de Bruxaria, um dos membros organizadores da comunidade Reclaiming Brasil e também um dos organizadores do projeto Nós Somos Aradia. Sacerdote Hierofante na Irmandade de Isis, onde coordena dois centros para treinamento (Iseum Flor de Afrodite e o Lyceum Caminhos de Hécate). Seu trabalho é profundamente conectado com o anarquismo, bruxaria, comunhão com os espíritos humanos e não humanos, paganismo, folclore brasileiro e ativismo mágico-político. Tecendo magia, cura e ativismo em um trabalho de auto possessão e integração, este é o caminho que ele encontra para reencantar os mundos.

Mirna Wabi-Sabi é editora, escritora, teórica política e tradutora. É fundadora da revista A Inimiga Da Rainha e do coletivo de mídia Plataforma 9. Durante a maior parte de sua vida, viajou o mundo, morou em São Paulo, Nova

York, Nijmegen, Amsterdã e Salvador, antes de retornar à sua cidade natal, Niterói, em 2019. Depois de testemunhar o clima político pós-nove-de-setembro como uma jovem imigrante nos EUA e na Europa Ocidental, o trabalho de Mirna passou a orbitar uma mudança social radical, focada na destruição do capitalismo branco e patriarcal.

Nox Morningstar é uma pessoa queer não binária, vegana, anarquista, musicista, com interesse em design de jogos, tatuagem e combate a questões de disparidade social. Acredita no fim do patriarcado, da morte transexual e travesti, do racismo estrutural, da padronização do corpo, da exploração animal e do capitalismo como essenciais para a continuidade digna da espécie animal humana. Estuda budismo, artes sequenciais (histórias em quadrinho etc.), tem um pé em tudo o que é oculto, místico e pagão e pretende universalizar o Dharma como forma de curar o mundo.

Patrick Farnsworth é entrevistador e apresentador do Last Born In The Wilderness, um podcast lançado semanalmente que aborda tópicos amplos como mudanças climáticas antropogênicas, teoria e práxis políticas radicais, animismo, psicodélicos e eventos atuais. Ele é o autor de We Live in the Orbit of Beings Greater Than Us, publicado pela Gods & Radicals Press.

Sara Kovačič, também conhecida como Inner Galaktik ou Sara Kovac, é uma artista da Eslovênia, atualmente vivendo no País Basco. Ela estudou pintura em Bali, Indonésia, e desenvolve suas formas de expressão enquanto viaja e mora em diversos países. Seu trabalho parte da pintura, mas também explora a ilustração, performance e serigrafia.

Silvia Federici é militante feminista, professora e escritora. Em 1972, foi co-fundadora do Coletivo Feminista Internacional que lançou a campanha Salários pelo Trabalho Doméstico. É professora emérita de ciências sociais na Universidade Hofstra, em Hempstead, Nova York. Seus livros incluem *Mulheres e Caça às Bruxas*; *Calibã e a bruxa: mulheres, corpos e acumulação primitiva* (2019, ed. Elefante); *O ponto zero da revolução: trabalho doméstico, reprodução e luta feminista* (2018, ed. Elefante); *Re-enchanting the World*; e *Enduring Western Civilization: The Construction of Western Civilization and its "Others"* [inédito no Brasil].

A MATA DAS BRUXAS nasceu em solo brasileiro, visando contribuir para o cenário político e pagão de nosso país. Nossa proposta abraça a diversidade com rigor revolucionário, considerando as múltiplas possibilidades de se lutar contra o sistema. Comunicar e compartilhar conhecimento é essencial para um ativismo que, de acordo com a nossa visão, é decolonial, feminista interseccional e anarquista.

Plataforma9 é um coletivo jornalístico que publica artigos em diversos lugares, traduz, oferece cursos de línguas, alfabetização midiática e produção de mídia. A MATA se encontra sob este guarda-chuva.

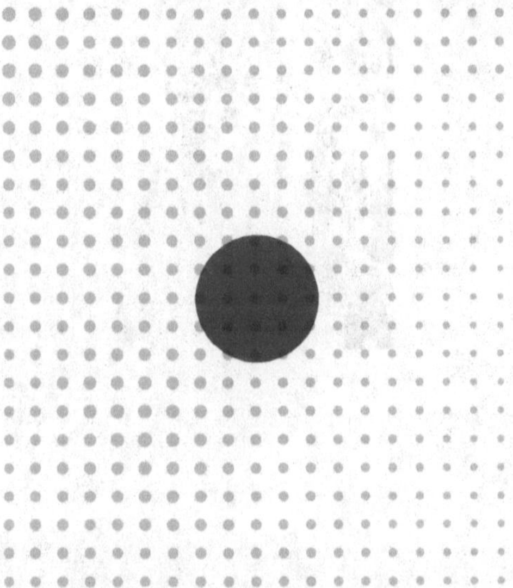